Thomas Romanus/Jürgen Pfeiffer

Ich wünsch dir alle Jahreszeiten

Thomas Romanus/Jürgen Pfeiffer

Ich wünsch dir alle Jahreszeiten

Gute Wünsche zum Geburtstag

Fotokunst-Verlag Groh

Heute hast du Geburtstag!

Ich gratuliere dir und freue mich wieder einmal von Herzen darüber, daß es dich gibt. Darum wünsche ich dir stets von neuem die Kraft, daß du ja zu dir selbst und deinem Leben sagen kannst. Menschen wünsche ich dir auf deinem Weg, die dich immer so annehmen, wie du bist, die dir wahre Freunde sind und nicht nur das Schöne mit dir teilen, sondern auf die du dich auch in schwierigen Situationen verlassen kannst.

Ich wünsche dir, daß du immer mit allen deinen Stärken und Schwächen geliebt wirst, damit du mit allem, was du bist und vermagst, deine Mitmenschen bereichern kannst.

Ich wünsche dir immer wieder die Erfahrung, daß das Leben selbst das größte aller Geschenke ist. Dann wird dein neues Lebensjahr mehr sein als nur ein Weiterschreiten in der Zahl.
Du kannst dich auch wandeln, darfst das Leben immer wieder von einer neuen Seite sehen.
Was du dir heute noch nicht vorstellen kannst, das kann dir bereits morgen begegnen. Geh ihm einfach entgegen, es wartet schon auf dich.

All das, was man sich nicht mit Geld kaufen kann, wünsche ich dir. Begegnungen mit Menschen, die dich anregen und verwandeln können, offene Augen und Ohren für die vielen Gelegenheiten, die sich uns im Leben bieten. Jede von ihnen ist einmalig und kostbar. Ich wünsche dir nicht das große Glück und die Erfüllung aller deiner Wünsche, sondern die Fähigkeit, kleine Freuden zu erkennen und sie auch mit anderen zu teilen. Dazu eine unzerstörbare Hoffnung, die dich trotz aller Enttäuschungen immer wieder an das Gute in den Menschen und in dir selbst glauben läßt. Zeit zum Leben wünsche ich dir, daß dir Begegnungen mit anderen oder ruhige Momente mit dir allein wichtiger sind als Besitzstreben oder Termindruck.

Ganz gleich, zu welcher Zeit im Jahr du geboren wurdest, zur Landschaft deines Lebens gehören alle Jahreszeiten. Auch scheinbar unvereinbare Gegensätze, die so unterschiedlich wie Frühling und Herbst, wie Sommer und Winter sein können, sind Teil eines erfüllten Lebens. Gerade solche unterschiedlichen Erfahrungen machen dein Leben reich und einmalig. Sie schenken dir eine Kraft, durch die du dich weiterentwickeln kannst und die dich innerlich wachsen läßt.

Ich wünsche dir alle Jahreszeiten auf deinem Weg.

Ich wünsch dir
immer wieder
einen Frühling

Ich wünsche dir immer wieder einen Frühling. Nicht nur den großen Frühling, der einmal im Jahr die Natur mit neuem Leben erfüllt, sondern viele unerwartete Lichtblicke, die wie ein Frühling für dich werden können. Auf einmal kommt dir mitten im Tag ein neuer Gedanke, und schon siehst du das Leben in einem neuen Licht. Etwas läßt dich aufblühen und zeigt dir, wie viele unentdeckte Möglichkeiten in dir stecken und darauf warten, entfaltet zu werden.

Die Kraft wünsche ich dir, stets von neuem beginnen zu können, auch wenn deine Enttäuschungen groß waren und du glaubst, daß alles gescheitert ist. Aber jeder echte Anfang ist unscheinbar und klein, nur so kann sich das Leben neu entwickeln. Alles Neue beginnt nicht irgendwo draußen, es kommt von innen und möchte ans Licht gelangen. Wenn etwas nicht nur deine Gedanken anregt, sondern auch dein Herz bewegt, so ist es ein Anfang für dich.

Frühling ist dort, wo die Zärtlichkeit und Poesie des Lebens dir Kraft gibt und du spürst, daß nichts Wichtiges gewaltsam entstehen kann. Wahre Stärke zeigt sich erst, wenn aus zerbrechlichen und verletzlichen Anfängen etwas Lebendiges neu entsteht. Auch die leisen Töne sind Teil des Frühlingskonzerts. Auf einmal siehst du das Leben wie zum ersten Mal. Alles Dasein ist ein

Wunder, nichts auf der Welt ist selbstverständlich. Wenn du immer wieder den Mut hast zu staunen, wirst du das Leben in all seinen Farben und Formen kennenlernen und wirst auch Zwischentöne und Schattierungen besser einordnen können. Laß dir deine Phantasie nicht nehmen, so kannst du andere Menschen und dich selbst stets von neuem überraschen.

Das menschliche Leben wächst nicht nur nach einem bestimmten Plan, es ist auch Liebe dazu nötig. Denn nur die Liebe kann dich als ganzen Menschen erfassen, dich an Seele, Geist und Körper verwandeln. Du lernst dann nicht nur ungeahnte Gefühle kennen, sondern kannst auch auf wunderbare Gedanken kommen. Ganz gleich, wie viele Jahre du zählst, du bist plötzlich jung, nur noch das Heute steht im Mittelpunkt, nicht Vergangenes oder Zukünftiges bedeutet momentan etwas. Wenn du spürst, wie wertvoll jeder Augenblick ist, wird deine Freude am Leben auch für die anderen zu einem Geschenk werden.

Eine Blüte verkündet zugleich Gegenwart und Zukunft. Frühling kann für dich bedeuten, daß du deine Begabungen in einem neuen Licht erkennst und entdeckst, wozu du fähig bist. Aufgaben kannst du finden, die auf dich warten und dich herausfordern mit all deinen Fähigkeiten. Wer sich selbst besser kennenlernt, der steckt auch voller Möglichkeiten, immer wieder neu ja zum Leben zu sagen.

Ich wünsch dir
immer wieder
einen Sommer

Ich wünsche dir immer wieder einen Sommer, damit du erfüllt bist von der Wärme und Weite des Daseins. Lerne den unendlichen Reichtum des Lebens kennen in dem Bewußtsein, ein Teil davon zu sein. Auch wenn dein Körper nicht mehr an Größe zunehmen wird, so kannst du doch dein ganzes Leben hindurch wachsen, dich entwickeln und "erwachsen" werden, ohne dabei das Kind in dir zu verleugnen.

Habe einfach den Mut, deinen eigenen Weg zu gehen. Laß dich nicht von der Mehrheit antreiben oder dich von dem beeinflussen, was gerade modern ist, sondern wage es, dich Schritt für Schritt jenem Ziel zu nähern, das du in dir spürst. Immer wieder wirst du unterwegs sein, Neuland betreten und ungeahnte Begegnungen erfahren. Folge den vielen Spuren des Lebens, aber ohne dabei in fremde Fußstapfen zu treten. Du kannst deine eigenen Schritte machen, denn dein Weg ist einmalig und nicht vorgezeichnet.

Ich wünsche dir Höhepunkte, die für dich so etwas wie Sommer bedeuten können. Zeiten, in denen deine Tage länger sind als deine Nächte. So kannst du das Leben spontan und

fröhlich feiern, wie dir der Sinn danach steht. Dann spürst du auch, daß du auf vielfältige Weise mit allem verbunden bist, was lebt.
Du bist nicht allein und für dich, sondern gehörst zur Schöpfung wie die Bäume, Felder und Wiesen, zur Erde, auf der du lebst und von der du lebst.

Die Fülle des Lebens wünsche ich dir, mit allem, was dazugehört. Berauschende Erlebnisse, die dich erfüllen und beleben wie Musik, Glück, das alle deine Sinne berührt. Aber auch schmerzvolle Einsichten sind notwendig, die ernüchternde Erfahrung deiner eigenen Grenzen und Fehler. Spüre das Dasein mit all seinen Gegensätzen, die auch in dir selbst vorhanden sind.

Habe auch den Mut, einmal eine Pause zu machen, um wieder den richtigen Abstand zwischen dir und deinen Aufgaben herzustellen. Niemand ist unerschöpflich, jeder Mensch braucht Erholung, damit er nicht zur Maschine wird, sondern neu zu sich selbst und zu anderen Menschen finden kann. Das Ausruhen ist keine verlorene Zeit, sondern neu gewonnenes Leben.

Es gibt eine Stille, die alles erfaßt und erfüllt. Sie ist mehr als das bloße Verstummen von Geräuschen. Es ist ein Atemholen, das uns auf die wirklich wichtigen Dinge aufmerksam macht. Ich wünsche dir mitten im Tag Momente der Ruhe, in denen du dich darauf besinnen kannst, für wen oder wofür du leben möchtest. Vielleicht spricht dann eine Stimme in dir, leise, aber unüberhörbar deutlich. Sie hat nicht auf alles eine Antwort, aber viele Fragen erübrigen sich so.

Die Wirklichkeit besteht nicht nur aus den sichtbaren und greifbaren Dingen. Sie reicht viel weiter, umfaßt auch deine Träume und alles Unsichtbare in dir und um dich herum. Es ist eine andere Wirklichkeit, die vielleicht nicht auf den ersten Blick deutlich wird. Aber sie gehört genauso zur Vielfalt des Lebens und verhindert, daß wir einseitig werden und unseren Sinn nur auf Fakten richten.

Ich wünsch dir immer wieder einen Herbst

Ich wünsche dir immer wieder einen Herbst, damit du von neuem erkennst, wie groß und vielseitig das Leben ist. Es gleicht einem Spiel, ernst gemeint und heiter zugleich, nie einseitig, weil es alle Gegensätze in sich vereint. Wachsen, Blühen und Vergehen gehören nicht nur zum Rhythmus der Natur, sondern sie prägen auch unsere eigenen Lebenszeiten. Sie zeigen uns, daß wir nur sterbliche Menschen sind und nicht alles erreichen können.

Im Herbst gibt es bunte Veränderungen und auch stille Momente. Beides ist wichtig, damit mehr Harmonie in unser Leben gelangt und wir seine Fülle entdecken. Wo sich etwas wandelt, gehört der Nebel ebenso dazu wie die klare, strahlende Fernsicht.

Herbst ist, wo wir dankbar sind. Die scheinbaren Selbstverständlichkeiten, wie Nahrung und Wohnung, Begegnungen mit anderen Menschen, sind ein Geschenk, das wir nicht nur unserem eigenen Bemühen zu verdanken haben. Wer dankbar ist, kann die Vergangenheit annehmen, sich an der Gegenwart freuen und kommt auf neue Ideen für die Zukunft. Wenn du das Leben als Geschenk betrachtest, wirst du erkennen, wie kostbar die Zeit ist und wie viele Gelegenheiten sich uns jeden Tag bieten.

Ich wünsche dir immer wieder Geduld, damit du einen reichen Herbst erleben kannst, der dich mit seiner Fülle beschenkt und überrascht. Nimm dir einfach die Zeit dazu und habe Geduld, und schon beginnt vieles in deinem Leben zu wachsen und zu reifen, oft im Verborgenen. Du kannst nicht alles selbst bewirken. Wenn du den Dingen und Menschen Zeit läßt, damit sie sich entwickeln können, wirst du durch eine erstaunlich reiche Ernte belohnt.

Es gehört Mut dazu, sich so zu zeigen und zu geben, wie man wirklich ist. Zu oft verstecken wir uns hinter einer Maske, weil wir nicht wollen, daß andere merken, wie uns in Wahrheit zumute ist. Wenn wir all unsere Vorstellungen, wie wir sein sollten, fallenlassen wie verwelkendes Laub, so spüren wir, wie uns das erleichtern kann und uns neue Kraft verleiht.

Jeder von uns ist einmalig in seiner Art, mit seiner Figur, seinem Gesicht, der Weise, wie man geht und sich bewegt, wie man spricht und jemanden anschaut. Jeder hat etwas Unverwechselbares und ist deshalb kostbar. Man braucht sich also vor niemandem und hinter nichts zu verstecken.

Ich wünsche dir Freundschaften und Kontakte zu Menschen, die dir Geborgenheit schenken, und auch immer wieder die Kraft, ganz du selbst zu sein. Solche Beziehungen geben dir Wärme und neuen Atem, lassen dich Weite und Nähe zugleich spüren.

Ich wünsch dir
immer wieder
einen Winter

Ich wünsche dir immer wieder einen Winter, damit du auch die ungewohnten Seiten deines Lebens sehen lernst. Manchmal wird es Zeiten für dich geben, in denen alles auf den ersten Blick so kahl und kalt aussieht wie die Natur im Winter. Doch wenn du genauer hinschaust, wirst du erkennen, daß nichts, was lebt, wirklich häßlich oder bedeutungslos ist. Überall gibt es Spuren und kleine Zeichen zu entdecken, die uns sagen, daß es auch im Verborgenen Leben gibt.

Daß du in den Winterzeiten deines Lebens stets neue und tiefere Einblicke in den Wandel des Daseins gewinnst, das wünsche ich dir. Wie lebenswichtig Frühling, Sommer und Herbst für uns sind, merken wir ja oft erst im

Winter. Dann erkennen wir die Zusammenhänge, die alles Blühen und Wachsen möglich machen, ahnen hinter undurchschaubaren Vorgängen eine geheimnisvolle Ordnung, die auch uns trägt.

Zeiten des Winters wird es immer wieder für dich geben, wo du zwischen Werden und Vergehen stehst, dich in der Spannung zwischen beiden weißt und Entscheidungen treffen mußt. Dann kannst du spüren, daß Wärme und Kälte auch in dir selbst vorhanden sind. In jedem von uns lebt beides, es kommt darauf an, wie wir damit umgehen.

Ich wünsche dir, daß du in deinen Dunkelheiten nicht allein bleibst, sondern kleine Lichter entdeckst, die zu Sternen für dich werden können. Erst auf den Nachtseiten lernen wir ja das Licht wirklich kennen und lieben: die Sterne erinnern uns an die Sonne, die Dunkelheit bringt uns dem Unsichtbaren näher.

Manchmal ist es nötig, loslassen zu können und Abschied zu nehmen. Auch wenn du traurig bist und dich eine schmerzliche Sehnsucht zu zerreißen droht, ist dies doch ein Zeichen, daß Leben in dir ist. Nur wer keine Gefühle mehr zuläßt und innerlich erstarrt, hat sich vom Leben zurückgezogen. Um die Tiefe des Daseins zu erfahren, sind auch Zeiten der Melancholie wichtig. Wir leben nicht nur jeden Tag, täglich stirbt auch etwas in uns. Wo sich etwas wandelt, entstehen nicht nur unangenehme Veränderungen, es zeigen sich auch neue Möglichkeiten. Manchmal können Übergänge in ungeahnte Höhen führen, durch sie erfahren wir erst, was im Leben wirklich zeitlos ist und allen Wandel überdauert.
Ich wünsche dir, daß du erkennst, wie sehr Licht und Wärme einen Menschen verwandeln können. Letztlich ist nicht die Sonne dafür verantwortlich, wie hell und warm es in unserem Leben ist, sondern es liegt an unserer Einsichtsfähigkeit und an unserem Herzen, ob es auf der Erde Geborgenheit gibt.

Ich wünsche dir, daß du immer wieder in allen Jahreszeiten unterwegs bist. Nur so kannst du im Leben wirklich zu Hause sein. Wenn du alle Unterschiede und Gegensätze durchlebst, ahnst du, daß es diese scheinbar unvereinbaren Bereiche des Lebens geben muß, damit wir der geheimnisvollen Mitte des Daseins näherkommen und zu mehr Ausgeglichenheit finden.
In jedem Menschen sind alle vier Jahreszeiten lebendig. Ich wünsche dir für dein neues Lebensjahr, daß du aus dieser Fülle schöpfen kannst. Frühling, Sommer, Herbst und Winter zeigen sich nicht nur im Rhythmus der Schöpfung, sondern auch im Leben jedes Menschen, und sie haben die Kraft, auch deinen Alltag zu verwandeln.
Den Frühling kann man nicht nur in der Jugend, den Herbst nicht bloß im reifen Alter erleben. Sommer und Winter haben im menschlichen Leben Tag für Tag ihre Entsprechung und Bedeutung. All das läßt uns lebendig sein und gibt uns stets von neuem Mut und Kraft zum Leben.

ISBN 3-89008-726-4

Wörthsee bei München
Gestaltung: Alfred Worsch